AF227234

CHOIX
DE CANTIQUES

POUR LES
MISSIONS DE CAMPAGNE

PARIS

SOCIÉTÉ DE SAINT-VICTOR POUR LES BONS LIVRES

E. Jourdan, libraire, rue de Tournon, 16.

CHOIX DE CANTIQUES

POUR

LES MISSIONS DE CAMPAGNE

CANTIQUE D'INVOCATION

Esprit-Saint, descendez en nous (*bis*),
Embrasez notre cœur de vos feux les plus doux.

Sans vous, notre vaine prudence
Ne peut, hélas! que s'égarer:
Ah ! dissipez notre ignorance ;
 Esprit d'intelligence,
  Venez nous éclairer. — Esprit-Saint, etc.

Le noir enfer, pour nous faire la guerre,
Se réunit au monde séducteur;
Tout est pour nous embûches sur la terre :
Soyez (*bis*) notre libérateur. — Esprit-Saint, etc.

Enseignez-nous la divine sagesse,
Seule elle peut nous conduire au bonheur:
Dans ses sentiers qu'heureuse est la jeunesse !
Qu'heureuse est la vieillesse! — Esprit-Saint, etc.

Nº 1 — CANTIQUE D'OUVERTURE

Un Dieu vient se faire entendre :
Quelle ineffable faveur !
A sa voix il faut vous rendre :
Il vous offre le bonheur.

CHOEUR

Accourons, peuple fidèle,
Voici les jours du Seigneur ;
Quand sa bon'é nous appelle,
Ne fermons point notre cœur.

Reviens, brebis infidèle,
Reviens à ton bon Pasteur ;
Sa tendresse te rappelle :
Endurciras-tu ton cœur? — Accourons, etc.

Tranquille au bord de l'abîme,
Affreuse sécurité !
Tu courais de crime en crime,
Comptant sur l'impunité. — Accourons, etc.

Tu méritais sa vengeance ;
Mais, par un excès d'amour,

Il vient, ce Dieu de clémence,
Solliciter ton retour. — Accourons, etc.

Il te parle en ami tendre ;
Mais, pour la dernière fois
Peut-être, fait-il entendre
Les doux accents de sa voix. — Accourons, etc.

Vois l'enfer, vois ces abîmes,
Vois ces gouffres, destinés
Moins pour y punir des crimes,
Que des pécheurs obstinés. — Accourons, etc.

Que faut-il donc que je fasse ?
Ah ! Seigneur, mon cœur est prêt ;
Subjugué par vo re grâce,
Je cède à son doux attrait. — Accourons, etc.

N° 2 — SUR LE SALUT

Air connu.

Nous n'avons à faire
Que notre salut ; (*bis*)
C'est là notre but,
C'est là notre unique affaire.
Nous serons heureux
En cherchant les cieux (*bis*).

Notre âme, immortelle,
Est faite pour Dieu *(bis)*.
La terre est trop peu,
Ou plutôt n'est rien pour elle.
Nous serons heureux
En cherchant les cieux *(bis)*.

Perte universelle !
Perdre son Sauveur *(bis)* ;
Perdre son bonheur ;
Perdre la vie éternelle !
Afin d'être heureux,
Nous cherchons les cieux *(bis)*.

Prends pour toi la terre,
Avare indigent *(bis)* ;
Pour l'or et l'argent
Entreprends procès et guerre.
Pour nous, plus heureux,
Nous cherchons les cieux *(bis)*.

Recherche, âme immonde,
Selon tes désirs *(bis)*,
Les biens, les plaisirs
Et les honneurs de ce monde.

Pour nous, plus heureux,
Nous cherchons les cieux (*bis*).

Poursuis la fumée
D'un bien passager (*bis*) ;
Gagne un monde entier :
Quel gain, si l'âme est damnée ?
Pour nous, plus heureux,
Nous cherchons les cieux (*bis*).

Nous cherchons la grâce ;
Le reste n'est rien (*bis*) ;
Ce n'est pas un bien,
Dès lors qu'il trompe et qu'il passe.
Afin d'être heureux,
Nous cherchons les cieux (*bis*).

Point d'autre excellence
Que l'humilité (*bis*) ;
Notre pauvreté
Fait toute notre abondance.
L'objet de nos vœux,
C'est d'aller aux cieux (*bis*).

Notre savoir-faire
Est tout dans la croix (*bis*) ;
Si nous sommes rois,

Ce n'est que sur le Calvaire.
L'objet de nos vœux,
C'est d'aller aux cieux (*bis*).

Nous cherchons la vie,
La gloire et la paix
Qui dure à jamais :
En avez-vous quelque envie ?
Venez, suivez-nous,
Et nous l'aurons tous (*bis*).

N° 3 — LES 12 ARTICLES DU CREDO

(MANUEL DU ROSAIRE, page 285.)

AIR : *O filii et filiæ.*

Vive Jésus ! vive Jésus ! vive Jésus !

Je crois au Père tout-puissant,
Qui d'un mot tira du néant
Et la terre et le firmament.
Vive Jésus ! — Vive Jésus, etc.

Je crois en son Fils Jésus-Christ,
Qui fut conçu du Saint-Esprit,
Et qui d'une vierge naquit.
Vive Jésus ! — Vive Jésus, etc.

Scus Pilate, il souffrit pour nous,
Et son corps, déchiré de coups,
Sur la croix fut percé de clous.
Vive Jésus! — Vive Jésus, etc.

Il expire dans ce tourment ;
Et de la croix on le descend
Pour le porter au monument.
Vive Jésus! — Vive Jésus, etc.

Ce conquérant de l'univers
Descend aussitôt aux enfers,
Pour tirer les justes des fers.
Vive Jésus! — Vive Jésus, etc.

Trois jours après, victorieux,
Il sort du tombeau glorieux,
Pour monter au plus haut des cieux.
Vive Jésus! — Vive Jésus, etc.

Là, jusqu'au jour du jugement,
Il est, sur un trône éclatant,
A la droite du Tout-Puissant.
Vive Jésus! — Vive Jésus, etc.

Un jour, la balance à la main,
Avec un pouvoir souverain,

Il jugera le genre humain.
Vive Jésus ! — Vive Jésus, etc.

Je crois encore au Saint-Esprit ;
Je crois l'Eglise qu'il conduit ;
Je crois tout ce qu'elle nous dit.
Vive Jésus ! — Vive Jésus, etc.

Je crois la résurrection,
Des péchés la rémission,
Et des saints la communion.
Vive Jésus ! — Vive Jésus, etc.

Je crois enfin qu'après la mort
Dieu prononce en dernier ressort
Sur notre bon ou mauvais sort.
Vive Jésus ! — Vive Jésus, etc.

N° 4 — AMOUR A JÉSUS, A MARIE

Air connu.

REFR. Amour à Jésus, à Marie ;
Que leurs noms doux et glorieux,
Comme dans la sainte patrie,
Soient bénis sans cesse en tous lieux.

Dieu tout-puissant, céleste Père,
En vous je crois, en vous j'espère ;

Je vous aime de tout mon cœur,
Et j'adore en vous mon Seigneur.
   Amour, etc.

Trois personnes, nature unique,
C'est ce qu'en Dieu la foi m'indique.
Pour les personnes, trinité ;
Mais, pour la nature, unité.
   Amour, etc.

Le Fils, lumière de lumière,
Dieu de Dieu, procède du Père ;
Du Père et du Fils, à son tour,
Procède l'Esprit tout amour.
   Amour, etc.

Je crois au Sauveur charitable,
A Jésus, seigneur adorable,
L'Homme-Dieu, le Verbe incarné,
Qui, pour nous, de Marie est né.
   Amour, etc.

Pour nous, il est né de Marie ;
Pour nous, il a donné sa vie ;
Puis, du tombeau ressuscité,
Pour nous au ciel il est monté.
   Amour, etc.

Dans l'adorable eucharistie,
Jésus, pain du ciel, pain de vie,
Et gage d'immortalité,
Protége notre infirmité.
        Amour, etc.

Voulez-vous une sainte vie,
D'une mort sainte un jour suivie,
Allez recevoir fréquemment
Jésus au divin sacrement ?
        Amour, etc.

A Jésus je donne ma vie ;
A Jésus j'offre et sacrifie
Tout, et moi-même tout entier :
Et du ciel je prends le sentier.
        Amour, etc.

Et vous, ô céleste Marie,
Qui nous guidez vers la patrie
Espérance de mon bonheur,
Ma Mère, à vous j'offre mon cœur.
        Amour, etc.

N° 5 — APRÈS LA BÉNÉDICTION
        Adorons tous,
        Adorons tous

Un Dieu si plein de charmes,
Que notre cœur,
Brûlant d'ardeur,
Adore en lui son Sauveur.

Ce Dieu de clémence
Vient, par sa présence,
Combler nos désirs,
Apaiser nos soupirs *(bis)*.
Adorons tous, etc.

A ce Dieu seul, gloire et louanges,
Au ciel, sur la terre et les mers ;
Unissons-nous, dans nos concerts, ⎱ *Bis.*
Aux saints concerts des anges. ⎰
Adorons tous, etc.

N° 6 — HOMMAGE A LA CROIX

Une voix. Puissant Roi des rois,

Le chœur. Mort pour nous sur le Calvaire,

Une voix. Du haut de ce bois,

Le chœur. Daignez entendre notre voix.

Une voix. Venez me couvrir de la croix,
Ombre salutaire;

Le chœur. Venez, espoir du genre humain,
Bouclier du chrétien,
Son soutien (*bis*).

Refrain. Célébrons à jamais
Son triomphe et sa puissance;
Célébrons à jamais
Et son amour et ses bienfaits.

Une voix. Croix du Dieu sauveur,

Le chœur. O trésor inépuisable!

Une voix. Source de bonheur,

Le chœur. Recevez l'offre de nos cœurs.

Une voix. Inondez-nous de vos faveurs;
O Croix adorable,

Le chœur. Vous serez l'appui du chrétien,
Son plus riche bien,
Son soutien (*bis*).
Célébrons, etc.

N° 7 — AVE MARIA

Salut, ô Marie,
De grâce remplie,
O fille chérie
Du Dieu créateur !

Seule entre les femmes
Dont les chastes flammes
Offrent à nos âmes
L'Enfant rédempteur.
   Salut, etc.

Que notre prière,
Bonne et sainte Mère,
Donne un ciel sur terre
Au pauvre pécheur.
   Salut, etc.

Et qu'à l'instant même,
Comme à l'heure extrême,
Si son cœur vous aime,
Il ait votre cœur !
   Salut, etc.

N° 8 — HYMNE DE SAINT CASIMIR

Unis aux concerts des anges,
Aimable Reine des cieux,
Nous célébrons vos louanges,
Par nos chants harmonieux.

Chœur. De Marie
    Qu'on publie
Et la gloire et les grandeurs;
    Qu'on l'honore,
    Qu'on l'implore,
Qu'elle règne sur nos cœurs.

Auprès d'elle la nature
Est sans grâce et sans beauté,
Les cieux mêmes sans parure,
L'astre du jour sans clarté.
    De Marie, etc.

C'est la Vierge incomparable,
Gloire et salut d'Israel,
Qui, pour l'univers coupable,
Fléchit le courroux du Ciel.
    De Marie, etc.

Ah! vous seuls pouvez nous dire,

Mortels qui l'avez goûté,
Combien doux est son empire,
Comb'en grande est sa bonté.
De Marie, etc.

Vous qui d'un monde perfide
Craignez les puissants appas,
Si Marie est votre guide,
Non, vous ne périrez pas.
De Marie, etc.

Ou', je veux, ô tendre Mère,
Jusqu'à mon dernier soupir,
Et vous aimer, et vous plaire,
Et pour vous vivre et mourir.
De Marie, etc.

N° 9 — A MARIE

CHOEUR. Célébrons à jamais
Et Marie et ses bienfaits.

C'est la reine des anges,
De la terre et des cieux ;
Par nos chants et nos vœux,
Publions ses louanges.
Célébrons à jamais, etc.

Marie est notre mère .
Elle aime ses enfants,
Elle écoute leurs chants,
Exauce leurs prières.
Célébrons, etc.

Vous craignez votre Juge,
Venez, pauvre pécheur ;
Donnez-lui votre cœur,
Elle est votre refuge.
Célébrons, etc.

Offrons-lui, pour lui plaire,
Et nos vœux et nos chants,
Au ciel, heureux enfants,
Nous verrons notre Mère.
Célébrons, etc.

A NOTRE-DAME DE LA SALETTE

N° 10 — *Air nouveau.*

Refrain. Notre-Dame de la Salette,
Priez pour la France et pour nous;
Priez le Seigneur qu'il arrête
Les traits de son juste courroux.

Rendez à nos cœurs l'espérance,
Marie, accueillez en ce jour
Les larmes de la pénitence
Et les prières de l'amour.
    Notre-Dame, etc.

Pour nous, ô Mère, obtenez grace,
Voyez vos enfants à genoux :
Le bras du Seigneur nous menace ;
Vierge puissante, sauvez-nous.
    Notre-Dame, etc.

Montrez-nous un riant visage ;
Venez annoncer aux humains
Qu'à des jours de trouble et d'orage
Vont succéder des jours sereins.
    Notre-Dame, etc.

N° 11 — CANTIQUE DE CLOTURE

Air connu.

Avant de quitter notre Maître,
Jetons-nous dans son divin cœur,
Puisque Jésus daigne nous promettre
Que nous y trouverons le bonheur.
CHŒUR. Avant, etc.

Marie, ô notre aimable Mère,
Veuillez recevoir nos adieux ;
Priez pour nous Jésus et son Père
De nous placer un jour dans les cieux.
CHOEUR. Marie, etc.

Saint Joseph, époux de Marie,
Soyez touché de notre sort ;
Protégez-nous pendant cette vie,
Protégez-nous, surtout à la mort.
CHOEUR. Saint Joseph, etc.

Anges saints, nos guides fidèles,
Ah ! ne nous abandonnez pas ;
Sur vos clients étendez vos ailes,
Et vers le ciel dirigez nos pas.
CHOEUR. Anges saints, etc.

Et vous, saints patrons de nos pères,
Secourez aussi leurs enfants ;
Sauvez-nous de toutes nos misères,
Nos cœurs vous seront reconnaissants.
CHOEUR. Et vous, etc.

N'oublions pas les pauvres âmes
De nos amis, de nos parents ;

Pour les tirer du milieu des flammes.
Offrons à Dieu nos cœurs pénitents.
CHOEUR. N'oublions pas, etc.

QUELQUES REFRAINS A AJOUTER A DES CANTIQUES
DÉJA CONNUS

Le cantique *Heureux qui du cœur de Marie,* qui se trouve dans tous les recueils de cantiques, peut se couper par quatre vers, que l'on fait suivre du refrain suivant, sur un air nouveau.

Toujours, toujours vous serez notre mère ;
Toujours, toujours vous serez notre amour.

       Voyez-nous tous
       A vos genoux ;
       Protégez-nous,
       Vierge Marie ;
       Voyez-nous tous
       A vos genoux ;
       Protégez-nous,
       Veillez sur nous.

Toujours, toujours vous serez notre mère ;
Toujours, toujours vous serez notre amour.

Un seul Dieu se chante par quatre vers, en-
mêlés du refrain suivant, sur un air nouveau :

Et pense qu'il faut graver dans ton cœur,
   Pour faire ton bonheur,
La sainte loi du Créateur. } *Bis.*

————

Le cantique d'actions de grâces après la com-
mion : *Qu'ils sont aimés, grand Dieu, vos
bernacles*, se chante sur un air nouveau, avec
refrain suivant :

    Chantons, chantons,
    Ah ! quel beau jour (*ter*) !
    Chantons, chantons,
    Ah ! quel beau jour (*ter*) !
  Dieu se donne à sa créature
  Pour lui servir de nourriture.
  Admirons cet excès d'amour,
  Et répétons : Ah ! quel beau jour (*bis*) !

————

Le cantique à la Sainte Vierge : *Sion, de ta mé-
die*, peut également, en se coupant par quatre

vers, être accompagné du petit refrain qui su[it]
sur un air nouveau :

O la plus tendre des mères,

Protégez nous chaque jour (*cinq fois*).

—

Refrain pour le cantique : *Quelle nouvelle [et]
sainte ardeur :*

Vive Jésus! je crois, je suis chrétien;

Censeurs, je vous méprise :

Lancez, lancez vos traits, je ne crains rien ;

Mon bras vainqueur les brise.

INDICATION DE QUELQUES AUTRES CANTIQUE[S]

1. — *Mon doux Jésus, enfin voici le temp[s]*

2. — *J'ai péché dès mon enfance.*

3. — *Quelle nouvelle et sainte ardeur.*

4. — *Bravons les enfers.*

5. — *Vive Jésus! vive sa croix!*

6. — *Bénissons à jamais.*

PAROLES DE N.-S. J.-C.

RÉES DU SAINT ÉVANGILE, SUR DIVERS SUJETS

Sur le Salut.

1° Que sert à un homme de gagner tout l'uni-
rs, s'il perd son âme? (Saint Matthieu, XVI, 26.)
2° Cherchez premièrement le royaume et la
stice de Dieu (Id. VI, 33.)

Moyens d'arriver au Salut.

3° Si vous voulez parvenir à la vie, gardez les
mmandements. (Id. XIX, 17.)
4° Vous aimerez le Seigneur votre Dieu de
ut votre cœur, de toute votre âme et de tout
tre esprit.

C'est là le premier et le plus grand comman-
ment.

Et voici le second, qui est semblable au pre-
ier : Vous aimerez votre prochain comme vous-
ème.

Toute la loi et les prophètes se réduisent à ces
ux commandements. (Id. XXII, 37, 38, 39, 40.)

Moyens de pouvoir observer les Commandements.

5° Demandez, et l'on vous donnera; cherchez,

et vous trouverez ; frappez, et on vous ouvri
(Saint Matthieu, VII, 7.)

6° Tout ce que vous demanderez à mon Père,
mon nom, il vous le donnera. (Saint Jean, XVI, 2

7° Veillez et priez pour que vous n'entr
point en tentation. (Saint Luc, XXII, 40 et 46.)

8° Or vous prierez ainsi : Notre Père, qui ê
aux cieux, etc. (Saint Matthieu, VI, 9.)

Suivre J.-C. et l'imiter, pour bien observe
les Commandements.

9° Je suis la voie, la vérité et la vie ; person
ne va au Père que par moi. (Saint Jean, XIV, (

10. Si quelqu'un veut venir après moi, qu
renonce à soi même, qu'il porte sa croix tous l
jours, et qu'il me suive. (Saint Luc, XIV, 23.)

11° Je suis la lumière du monde. Celui qui n
suit ne marche point dans les ténèbres ; mais
aura la lumière de la vie. (Saint Jean, VIII, 12

12° En vérité, en vérité, je vous le dis : Si vou
ne mangez la chair du Fils de l'homme, et
vous ne buvez son sang, vous n'aurez point la v
en vous. (Saint Jean, VI, 54.)

13° Si quelqu'un rougit de moi et de mes paroles, le Fils de l'homme rougira de lui quand il viendra dans sa gloire, et dans celle de son Père et de ses saints anges. (Luc, ix, 26.)

Le monde est opposé à J.-C.

14° Nul ne peut servir deux maîtres. (Saint Matthieu, vi, 54.)

15° En vérité, en vérité, je vous le dis : Quiconque a connu le péché est esclave du péché. Malheur au monde, à cause de ses scandales. (Id. viii, 7, 8, 34.

16° Je ne prie pas pour le monde. (Saint Jean, xvii, 9.)

17° Vous avez bien à souffrir du monde ; mais ayez confiance, j'ai vaincu le monde. (Saint Jean, xvi, 33.)

18° Vous serez heureux, lorsque à cause de moi les hommes vous chargeront d'injures, qu'ils vous persécuteront, et qu'ils diront faussement toute sorte de mal de vous.

Réjouissez-vous et faites éclater votre joie, parce qu'une grande récompense vous est réservée dans le ciel. (Saint Matthieu, v, 11.)

Un Chrétien doit faire de bonnes œuvres.

19° L'arbre stérile sera coupé et jeté au feu. (Saint Matthieu, VII, 19.)

20° Amassez-vous des trésors pour le ciel. (Saint Matthieu, VI, 20.)

Le Chrétien infidèle a une ressource dans la miséricorde de Dieu et de N.-S. J.-C.

21° Dieu a tellement aimé le monde, qu'il a donné son Fils unique, afin que tous ceux qui croient en lui ne périssent point, mais qu'ils aient la vie éternelle. (Saint Jean, III, 16.)

22° Je ne suis pas venu appeler les justes, mais les pécheurs. (Saint Matthieu, IX.)

23° Je ne jetterai point dehors celui qui vient à moi. (Saint Jean, VI, 37.)

24° Venez tous à moi, vous qui êtes dans la peine et qui êtes chargés, et je vous soulagerai. (Saint Matthieu, XI, 28.)

Celui qui remet d'un jour à l'autre à se convertir, s'expose à mourir dans le péché.

25° Marchez pendant que vous avez la lumière, de peur que la nuit ne vous surprenne. (Saint Jean, XII, 35.)

26° Vous me chercherez, et vous ne me trouverez point. (Saint Jean, VII, 34.)

27° Je m'en vais, et vous me chercherez, et vous mourrez dans votre péché. (S. Jean, VIII, 21)

28° Si vous ne faites pénitence, vous périrez tous semblablement. (Saint Luc, XIII, 3 et 5.)

Il faut persévérer dans l'innocence
ou dans la pénitence.

29° Quiconque, ayant mis la main à la charrue, regarde derrière soi, n'est pas propre au royaume de Dieu.

30° Celui qui persévèrera jusqu'à la fin sera sauvé. (Saint Matthieu, X, 22.)

PRIÈRE A JÉSUS-CHRIST

O bon et doux Jésus ! je me prosterne à genoux en votre présence, et je vous prie et vous conjure, avec toute la ferveur de mon âme, de daigner graver dans mon cœur de vifs sentiments de foi, d'espérance et de charité, un vrai repentir de mes égarements, et une volonté très ferme de m'en corriger, pendant que je considère en moi-même

et que je contemple en esprit vos cinq plaies, avec une grande émotion et une vive douleur, ayant devant les yeux ces paroles prophétiques que prononçait déjà le saint roi David : *Ils ont percé mes mains et mes pieds ; ils ont compté tous mes os.*

Indulgence plénière applicable aux âmes du purgatoire, après la confession et la communion, devant une image quelconque de Jésus-Christ crucifié.
Pie VII, 10 avril 1821.—Léon XII, 17 septembre 1825.

PRIÈRE TIRÉE DE SAINT BERNARD

Souvenez-vous, ô très miséricordieuse Vierge Marie, qu'on n'a jamais entendu dire qu'aucun de ceux qui ont eu recours à votre protection, imploré votre secours et demandé vos suffrages, a't été abandonné : rempli de la même confiance, ô Vierge mère des vierges, je cours, je viens à vous, et, gémissant sous le poids de mes péchés, je me prosterne à vos pieds.

O Mère du Verbe, ne dédaignez pas mes prières ; mais écoutez-les favorablement et daignez les exaucer. Ainsi soit-il.

(300 jours d'indulgences.)

O Marie, conçue sans péché, priez pour nous
ui avons recours à vous.

(100 *jours d'indulgences.*)

Bénie soit la sainte et immaculée Conception
e la bienheureuse Vierge Marie.

(100 *jours d'indulgences.*)

Mon Jésus, miséricorde.

(100 *jours d'indulgences.*)

INVOCATION A LA SAINTE CROIX

Air nouveau.

e me jette à vos pieds, ô Croix, chaire sublime
D'où l'Homme de douleurs instruit tout l'univers ;
Saint autel où l'amour embrase la victime ;
Arbre où mon Rédempteur a suspendu mes fers.

Bannière du Seigneur, qui marche à notre tête,
Tribunal du pécheur, du juste espoir bien doux ;
Char du triomphateur dont je suis la conquête,
Lit où j'ai pris naissance, il faut mourir sur vous.

TABLE

—

PLANCY

Typ. de la Société de Saint-Victor. J. COLLIN, imp.